Technorthocitolégie
et
Technorthocitographie.

TABLEAUX SYNOPTIQUES

PRÉSENTANT SUCCESSIVEMENT PRESQUE TOUTES LES SYLLABES DE LA LANGUE FRANÇAISE,

suivis

D'EXERCICES DE LECTURE COURANTE.

NOUVELLE MÉTHODE DE LECTURE,

À l'usage de toutes les Écoles de la République française, des Pères de Famille, des Écoles régimentaires & des Classes d'adultes.

Par G. ROUEL, Instituteur public.

MANUEL DE L'ÉLÈVE.

— Limoges. — Imp. H. Ducourtieux —

TECHNORTHOCITOLÉGIE & TECHNORTHOCITOGRAPHIE,

ou

NOUVELLE MÉTHODE DE LECTURE,

Par Gilbert ROUEL.

MANUEL DE L'ÉLÈVE.

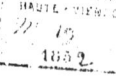

CONSONNES.

b c qu k d f ph g j l m n p r s t v x z ch gn ill.

b d p c q k d g j f ph l n m r t v s x z b ch.
p c k q b d j ph g l n r l t m t s v z x c gn.
d d q d p g f j f m m t r n r r v s v s d ill.

VOYELLES ET LEURS ÉQUIVALENTS :

A a a	Équivalents. ha ah at ats as.	E e e	Équivalents. es ent.	I i i	Équivalents. hi y hy it ie is ies.	O o o	Équivalents. au ho eau aux haut eaux hauts aut auts ots aud ot auds.	U u u	Équivalents. hu ue ues hue.
É	Équivalents. er ez hé ai hai ée ées et & œ.	È	Équivalents. ais ait aient haie haies aix et ets ay aie aies.	EU	Équivalents. eux heu eut eus eue cues œu œufs.	OU	Équivalents. oux oue hou houx houe houes out outs.	AN EN	Équivalents. en ant ants han ands ends eng bam am em hen hem ents ent angs engs ens.
ON	Équivalents. ont ons onts hon om omp ompts ompt hom ond onds omps.	OI	Équivalents. hoie oie oies oient oit ois oits.	IN YN AIN	Équivalents. int ins im aim aint aints ym hin ain bain ein eint eints eing eings.	UN	Équivalents. uns um huns hum.		Diphtongues. huo ien iens ieu ieux yeu yeux oin yon ions ui huis nits ia iè ye.

	a	e	é	o	an	eu	ou	on	i	ai	è	an	han	ais	eu
	eu	in	i	au	oi	in	un	a	eu	é	on	en	hen	è	au
	ou	an	o	u	un	ain	oi	é	é	ais	oi	u	heu	é	o.

	B b *b*	**K C QU k c qu** *k c qu*
A a *a*	ba bas bâts bah ab hab bba. A bas.	ca cas cat cats qua qu'a qu'ha qu'as ac hac ka ak.
E e *e*	be bes bent bbe eb heb.	que ques quent ke cue (peu usité) eq heq ek.
I i *i*	bie bîe by yb ib hib hyb bibi ibi bit bits bi. Habit, habits.	qui ki qu'y ky quit quits cquis acquis iq ic yc hic hyc.
O o *o*	bo ob hob bau beau beaux aub bobo baux bbau bbo. Le beau.	co quo qu'au cau caux ko kau qu'aux oc hoc ok oq auc auk auq cot cots coco (cho) (é-cho.)
U u *u*	bu ub hub bus but buts bue bues. Abus.	cu cus uc ku qu'u uk uq cues cue cut ccu cchus (Bacchus).
É é *é*	bé bbé ber bez bée bées bbée bœ bai bbai. Abbé bébé.	qué quer quez quée quées qués ké cai qu'ai qu'é quœ équé. Acquérir, attaqué, vaquer, je vaquai, j'ai vaqué.
È è *è*	bè bais bait baient baie bet bets baies bei bey beys beix. Thibet, le bey, la baie, les baies, baye, abbaye.	cais que cait caient quais quait quaient ket quet quets kais quei quey quai qu'aient. Le laquais, le paquet, ils vaquaient.
EU *eu*	beu beux. Bœufs, verbeux, aux bœufs.	queu queux qu'heu queue queues keu euc. Belliqueux.
OU *ou*	bou bout bouts bous boux boue boues. La boue, aux hiboux, les bouts.	cou coup cout couts coups qu'où coux. A coups de balai, beaucoup.
AN *an en*	ban bam banc bancs bant bants (ben bem). Les deux bancs, le bambou, il abandonna, la banque.	can cant cants quand cam camp camps qu'an quant quants qu'en qu'em kan kam ken kem. Les cancans, les camps.
ON *on*	bon bbon bond bonds bons bont bom. La bombe, les bonds, les bons, les bonbons.	com ccom cons cont qu'on quons kon kom. Du bal-con, nous manquons.
OI *oi*	boi boy bois boit boie boies boient. il boit, il aboie, ils aboient.	coi coy quoi koi coit coix quois koy. Narquois, quoique.
IN *in ain*	bin bins byn bain bains bein bint baint baints bim. Baim, les bains.	quin qu'in qu'hin cain cains quyn quein quain quyn kain kein kym. Mannequin.
UN *un*	bun buns. Un tribun, les tribuns.	cun cuns qu'un. Chacun.
IEN JENS	bien bion bieu bieux bein boui buie buies. Les buies, les buis.	quieu quions kion coin coins coing cuit cuits quoin. Les coins, nous manquions.
OUR OURG	bour bourg beur bieur beurs boir. Les labeurs, les labours.	cour cours queur queurs cœurquoir coir keur kour. Le concours, les liqueurs.
EXERCICES.	abbé, abbaye, bambin, bambou, aux bœufs, bien, beaux aux bains, habit, bobo, des bœufs.	coco, quiconque, cancan, au camp, au balcon, concours, aux cours, les coins, les liqueurs, acquérir.

	D d *d*	**F f ƒ ph**
A a *a*	da das dat dats d'ha d'a ad had dda.	fa fat fas pha phas af haf ffa fats.
E e *e*	de dent ed hed dde.	fe phe fent phent ffe ffent ef hef.
I i *i*	di ddi dy d'y d'i d'hy d'hi. Didyme, didyname id yd hid.	fi fy phy phi ffi ffy if ifs hif yf fie fient fies fit fis. Je fis, je me fie, ils confient.
O o *o*	do od d'o d'ho hod dau d'eau d'eaux ddo. Les bedeaux, dot, dots, dos, dos-à-dos.	fo ffo of fau ffau phau pho auf faux faud fauds ffaud ffauds. Le faux.
U u *u*	du ud hud d'u dus dus dut due dues ddu. Il dut.	fu uf phu fut fus ffue ffues ffuts. Je fus, il fut, huf.
É é *é*	dé ddé der dez des dés dée dées d'ai dai dœ d'é. Aidé, dez, un dé.	fé ffé phé fez ffer œf pher fai phar fée fées phœ. Je chauffai, j'ai chauffé, chauffer, les fées.
È è *è*	dé dès dais dait daient det dey dei dèy d'hé d'ay. Le dais, farfadet.	fè phè fait fais faits phais phait phaient faix fet fey feix fèts. Préfets, fay, effets, je chauffais.
EU *eu*	d'eu d'heu deu d'eux d'œufs d'eux deux œud. Des œufs.	feu feue feux pheu feues ffeu euf. Les feux, le bœuf, l'œuf.
OU *ou*	dou d'où doux ddou dout doux d'ou doue doues douent. Il est doux.	fou fous foux fout fouts ffoue ffoues ffouent. Ils baffouent, les fous.
AN *an* en	dan dam d'an d'am d'han d'hen den dem dent dents dant dants dans. Les dents.	fan fam phan fant fants fen fend fends ffend ffends faon phen. Enfants, je vous défends, le faon.
ON *on*	don domp dont dons d'om d'hon. Domptons, les dons.	fon font ffon fonds fond phon phom fom. Ils font, ils fondent.
OI *oi*	doi doie doient dois doit doigt doigts. Le doigt, d'oie, d'oies.	foi phoi ffoi fois foie foies foix. La foi, le foie, à Foix.
IN *in* ain	din dyn dein d'in dim dain dains daim d'im d'ain. Badin, le boudin.	fin fyn fim fym ffin faim fain feins feint feints phin. La faim, la fin, afin.
UN *un*	d'un d'hum dun.	fun fum fums funt funts. Les parfums, le défunt, les défunts.
IEN IENS	dien dion dions dieu dieux doin d'oint dui duit duits. Les dieux, induits, conduits.	fien fions fieu fieux foin foins fui fuis fuit fuies fuie. Les foins.
OUR OURG	dour dours deur deurs dœur doir. Le déboiradour, la grandeur.	four fours ffeur ffeurs fœur feur foir. Chauffeur.
EXERCICES.	dindon, aidez, adda, bedeau, le dé, un bœuf, les dents, le dedans, un boudin, Dieu.	le four, la faim, la fin, la foi, le foie, le faon, les œufs, la faux, le dauphin, les foins.

	G g g	**J j j**
A a a	ga gat gâts ag hag guas guât gga.	ja jat jats j'ha j'a gea geas geât.
E e e	gue gues guent. Bague.	je ge gent ges. Les bagages.
I i i	ig yg gui guy guit guis hig hyg. Les guides.	ji gi gie j'y j'i gies git. Ci-gît, j'agite, les bougies.
O o o	go gau og aug gaux got gots. Les Goths, le magot, les fagots, égaux.	jo geau jau geaux j'ho j'o j'au geo jant jeau. La geôle, le jaune.
U u u	gu ug hug gue gues ggu. Aigu, aiguë.	ju jus jut j'u j'eu j'hu geu. Jubilé, gageure.
É é é	gué guer guez guée guées gués gai. Il a guéri, le gué, gai.	jé gé jez jer g'er ger j'ai gez jœ gœ j'é j'hé geai. Je gageai.
È è è	guè gais guais gaient guaient guet guets guei guey gay gaie gaies. Ils se fatiguaient, il est gai.	jè jet geais geait geaient jets j'hé j'aie geix get gets. Les geais, les jets, les budgets.
EU eu	gueu gueux. La gueule, les gueux.	geux j'eu geu. Jeux, les jeux.
OU ou	gou gout gouts goue goues gouent. Les goûts.	jou joug jougs joue joues jouent. Le joujou, le joug, je joue, ils jouent.
AN an en	gan gam gant gants gand gamp guen. Des gants fabriqués à Gand.	jan jam jean j'an j'am j'en j'em geant geants. Engageant, les jambes, Saint-Jean.
ON on	gond gon gonds gom gont gomb guons. Nous haranguons.	jon jom jonc joncs j'om geons. Les bourgeons, les joncs.
OI oi	goi gua. Guadeloupe, le goître. Grégoire.	joie j'oi joies geois. Les bourgeois, hambourgeois.
IN in ain	guin guins gain gains guim guein. Sanguin, le gain, les gains.	j'in j'yn jin j'im gin geint ginc jain j'hin. Engin, j'invite.
UN un	gun.	jun jeun. A jeun.
IEN IENS	goin guions guieux gui. Nous di-stin-guions.	gien jien jieux gieux joint joints joins jui. Il joint.
OUR OURG	gour gueur gueurs goir. La langueur, les langueurs.	jour jours j'our geur geurs geoir j'oir. Les jours.
EXERCICES.	le goût, la langueur, le gain, les gants, les fagots, la bague, engourdi.	le jour, le jonc, la joie, il joint, à la Saint-Jean, les jeux, la jambe, le joug, la joue, les joujoux.

	L l *l*	M m *m*
A a *a*	la lat las l'ha l'a lacs al hal lla.	ma mas ma m'a m'ha mats mma.
E e *e*	le lle lent llent el (elle).	me mme ment mment me. L'âme.
I i *i*	li ly lit l'hi l'hy lie lies lient il hil yl hyl. Lis, je lie, je lis, ils lient.	mi mmi m'y m'hi mis mit mie mmy mimi. Ami.
O o *o*	lo lau ol aul llo llau l'eau leaux laut lauts l'ho l'hau. L'ho-mme, l'eau.	mo mau mmeau maux mots mot maut m'o m'au m'ho. Les mots, le hameau.
U u *u*	lu lus ul hul l'hu lut lue lues. Il lut, je lus, je l'eus.	mu mmu m'u m'hu mus mut muent. Ils muent.
É é *é*	lé llé lez ller ler l'ai lai l'hai l'hé les lés lée lées lœ. Les a-llées, le salé, ap-pe-ler.	mé mmé mes més mée mées mez mer mœ mmer mai mmai mes. J'aimai, aimez, j'ai aimé, mes amis.
È è *è*	lè lait laid laids laient llaient laie lay laies lei let leix l'hé l'hai l'ai. Les balais, les relais, les délais.	mè mais mait maient mmait mei mmet mets m'hé. Je mets, les mets, j'aimais, ils aimaient.
EU *eu*	lleu leux eul l'eu l'heu lleux l'œu. L'œuvre, l'heure.	meu meux meus meut mmeu mœu m'eu m'heu. Ecumeux.
OU *ou*	lou lloux loup loups l'ou l'hou loue loues louent. Les loups, ils louent.	mou mout moux mmou m'ou m'hou mous moud mouds. Je mouds.
AN *an* en	lan llan lam l'an l'am len lent lents llant llants l'hen l'han l'hem l'ham l'am. Il est lent, ambulant.	man mam mem men mant mants m'an m'em mens ment ments. Embrasse, monument, éléments.
ON *on*	llon long l'on l'om llons llongs l'hon. L'ombrage.	mon mmon mont monts m'ont mous. Nous aimons, immonde.
OI *oi*	loi l'oi l'oie lloi lois loix l'hoi. Le jeu de l'oie.	moi mmoi mois moie moient moies. Ils attermoient.
IN *in* ain	lin l'in l'im lain llin lint laint lein l'hin leim laim lyn lym. Le lin.	min mmin main mim mein mains m'in myn maint mym mains maints. La main, du gamin.
UN *un*	l'un lun l'hum. L'alun.	mun mmun mmuns. Commun.
IEN IENS	lien lion lions llions lieu lieux lieue lieues loin l'oingt lui luit. Les lions, à Lyon.	mien mions mieux moin moins mui muids muie. Moins bon.
OUR OURG	lour lourd lourds l'our leur leurs l'heur lloir. Ils sont lourds.	mour meur mours mœurs moir mmour Les mœurs, l'amour de Dieu.
EXERCICES.	le lin, l'oie, le lion, à Lyon, leur, lui, les lieux, les lois, les loups, les balais, ils sont lourds.	amour de Dieu, les mœurs, les mains, communs, l'aimant, je mouds, j'aimais.

	N n *n*	**P p** *p*
A a *a*	na nat nats n'a n'ha n'as nna.	pa pas pât ap hap ppa. Appats.
E e *e*	ne nent nes nne nnent. L'âne.	pe ppe pent ppent. Ils frappent.
I i *i*	ni nni n'i n'y n'hi n'hy nie nient nies. Ils nient, il nie, honni.	pi ppi ip py ppy pie pies pient ip. La pipe, pipage, pipeline, ils épient.
O o *o*	no nno nau neau nneau nneaux nos n'ho n'o n'au. L'anneau, nos canots, nos anneaux, nos canaux.	po pau hop op ppo peau peaux pot pots hop ppeau. Copeau, la peau, le pot.
U u *u*	nu nnu nue nues n'u n'hu. Chenu.	pu up hup ppu pue pus. Il put.
É é *é*	né nné née n'é n'hé nés nnées nées nnés n'ai nai nez ner nuer nœ. Le nez, idées, innées.	pé pez per ppé ppez pper pœ pai ppai pées ppée. Il a frappé, je frappai, ils furent frappés.
È è *è*	nè net nets nnais nait naient nei ney neix n'ay n'aient naits. Je nais, il naît, le genêt, la neige.	pè ppè pait ppais ppaient pay paix pet pei pey paie paies paye. La paix, la peine.
EU *eu*	neu nœu nneu neux nœud nœuds. Les nœuds.	peu peut ppeu eup. Pulpeux, il peut.
OU *ou*	nou nnou nous noux nout noue noues nouent nouts. Les genoux, ils nouent.	pou ppou pous poux. Les poux.
AN *an* en	nan nant nam nnants nen n'en n'em nants. A tous venants, entreprenant, n'embarassez pas.	pan ppan pain pands pand pend pends pem pen pants pant pens pent. Je me repens, il répand, il se pend.
ON *on*	non n'ont nnon n'om nom noms nons n'hon. Les noms.	pont ppon ponts pons ppons ponds pond pom. La pompe.
OI *oi*	noi noix noie noies noient nnoi. Ils se noient.	poi ppoi poix poids pois. Les poids, les pois.
IN *in* ain	nin nnin nain nins n'in n'ym nym nein. La nymphe, le venin, le nain.	pin ppin pins pain pym pyn pein peint peints peins pains. Le grappin, les pains, les sapins, les pins, il peint.
UN *un*	nun.	pun.
IEN IENS	nien nions nnion nieux noin nui nuits nuit. La nuit.	ppien ppions pion pien pieux poin point poingt pui puits puis.
OUR OURG	nour neur neurs noir noirs. La teneur, les habits noirs.	pour ppour peur peurs poir poirs. Il a peur, les sapeurs.
EXERCICES.	le nom, donnez-moi, la nymphe des bois, les nœuds, nos canots, nos anneaux, le nez, la nuit.	le pain, le pin, le sapeur, a peur, les pois, les peaux, les lots, la pipe, l'époux, les poux.

	R r r	**S s s**
A a *a*	ra rat rats rha arhar rra. Haras, Arras.	sa sas sât ça çat çats ças s'a s'ha ssa.
E e *e*	re rent rre rrent res rhe rres er.	se sse ce sce sent ssent cent ce se. Ils menacent.
I i *i*	ri rri rhi ry rhy ir rie ries rient. Ils rient, il rit, à Paris, le ris.	si s'y ssi ssy scie ci scies scient ssis ici is ys his. Il scie, ils scient, assis, ils gracient, la scie.
O o *o*	ro rho rau rro rrau reau reaux rreaux rot rots or hor hors. Ordo-nna, le barreau.	so sau sso os hos saut ssauts seau sseau sseaux sceau sceaux sots ço çant. Morceau, berceau, le sceau, le sot.
U u *u*	ru ur rhu hur rru rue rus rut rues. Il parut, la rue.	ssu s'hu us hus ssus çu cues sut suent sue sues çut cue. Ils suent.
É é *é*	ré rré rez rrez rer rrer rai rrai rés rrés rées rrées. Il a narré, les dames parées, espéré, rhé, é-ga-ré, rhé.	cé ses sés s'é ssé ssés sée ssée ssés sées ssées sœ ssœ s'ai sez s'hé cez cés cer. Il a cessé, cassé, il a hissé, çai, finissez, paraissez sser ssez cer c'é.
È è *è*	rè rrè rhè rais rait ret rret raient ray raie rei raye. Je verrais, la reine, la raie.	sè cè c'est çais çait çaient ssè sais ssait ssaient sei sey say ssaie cei scè sset sct ssets sset. La scène, la Seine, ils menaçaient, c'est-à-dire.
EU *eu*	reux rœu rheu eur. Le peureux, heureux.	seu ssou sseu seux ceu ceux s'eu sœu. Paresseux.
OU *ou*	rou rrou rroux roux rout roue roues rouent. Ils rouent de coups.	sou sseu sous soux ssous s'ou s'hou sous. Au-dessous, çou.
AN *an* en	ran ram rang rangs ren rem rend rends rran reng rengs rrent rrents. Les torrents, les harengs, je rends.	san sam ssam ssant ssants s'em sent sens sans s'am çant çants sand sens c'en s'en cent cem cen. Il sent, grossissant, je ressens, en s'embrassant.
ON *on*	ron rom rrom rrons rron rond ronds rromp rromps ront. je corromps.	sson sont son ssont son çon çons sons. Le son, leçon, le maçon, tes sons, ils sont maçons.
OI *oi*	roi rroi rois rrois roit. Le charroi, les charrois.	soi ssoi soie soies soy çoi çois çoit. Il reçoit, les soies.
IN *in* ain	rrin rin rhin rain rym ryn rains rein reim raim rim. Le Rhin, les reins, l'airain.	ssin syn sym ssins sin saim saint saints sein sains seins seing seings cin cym scin ceint ceints. Le saint, le sein, les seings, les saints, symbole.
UN *un*	run.	sun ssum.
IEN IENS	rien rions rieu rieux roin ruir rions.	sien ssien sion ssions cion cieux scions soin soins sui suis suit suie suies. Les soins, la suie.
OUR OURG	rour reur roir. Pleureurs, coureurs.	sœur sseur sour ssour sseoir ssoir. Ma sœur, possesseur, asseoir, le soir.
EXERCICES.	le roi, le Rhin, je rends, il rompt, les rangs, les harengs, les torrents, la roue, la raie, la rue, le ris.	la passion, les sœurs, les soirs, il reçoit, ils menaçaient, finissez, paresseux, les maçons sont audessous, les soies, la Toussaint, sous-seing.

	T t _t_	**V v _v_**
A a _a_	ta tas tat tats tha at hat tta tata. Iltâta.	va vas vat vats av hav. Il lava, tu levas.
E e _e_	te tte the tent ttent. Ils battent.	ve vent ves. Ils lavent, ils lèvent.
I i _i_	ti tti ty t'i t'y thi thy it yt hit tity tite tit ttis. Battit, je t'y invite.	vi vy vis vit vie vies vient. Ils vivent, ils envient, il vit.
O o _o_	to tau taux ot hot tto ttau tteau teaux tôt tho t'ho. Je l'honore, le bateau, le rateau.	vo vos ov hov vau vaut vaux veau veaux. Le veau gras, je vaux, les caveaux, il vaut.
U u _u_	tu ttu ut but tbu t'u t'hu tue tues tuent ttue tuts. Ils tuent.	vu uv vue vues vut vus. Il a vu, la vue.
É é _é_	té tés tté t'é ttés thé tée ttées t'hé t'é tez ter t'ai ttai thœ tai. Jeté, flatté, je flattai, je jetai.	vé ver vez vœ vés vée vées vai. J'ai lavé, je lavai, je levai, j'ai levé.
È è _è_	tè ttè tais ttait taient taie tei tey thè tet ttets. Il était, il étaie, ils étaient, ils battaient, ils flattaient.	vais vait vaient vè vêt vêts vei vay. La veine, les veines, ils avaient, il revêt.
EU _eu_	teu tteu teux theu tœu t'eu. Raboteux.	veu vœu vœux veux veus veut. Les vœux, il veut.
OU _ou_	tou ttou tout toux tous t'ou thou ttout. J'ai tous les atouts, la toux.	vou vous voux voue voues vouent vont. Ils vouent, vous voulez, ils vont.
AN _an_ en	tan tam tant tants ttan ten tten tem temps tend tends ttend ttends t'en t'am tang tangs. Les étangs, le temps.	van vant ven vem vam vent vents vants vans vend vends. Je vends, il vend, les vents, le Levant.
ON _on_	ton tond tonds thon tton tom ttons t'ont taon t'hom. Le tonton tond le mouton.	von vom vons vont. Ils vont, nous trouvons, nous avons.
OI _oi_	toi ttoi toît toits thoi toie toies toient. Ils tutoient, le toit, les toits.	voi voix vois voit voie voies voient. Ils voient.
IN _in_ ain	tin ttin tint tins teins teint teints tain tym tyn thin tain tains. Je tins, je teins, le teint, l'étain, le crottin.	vin vins vint vein vain vains vim vym. Le vin, les vins, je vins, il vint.
UN _un_	tien tiens tien thieux toin tui. Le tien, je tiens, l'étui.	vun.
IEN IENS	tun tuns. Les importuns.	vien viens vient vion vions vieux vui. Je viens, nous trouvions, le temps pluvieux.
OUR OURG	tour ttour tours teur tteur toir ttoir. Le trottoir.	vour veur vœur voir. Il faut voir.
EXERCICES.	la tour, le trottoir, je tiens, les tiens, le temps, les temps, l'étang, la toux, l'atout.	il vint, il vient, pluvieux, vous voulez vous vouer, ils voient, la voix, la voie.

	X x *x*	**Z z** *z*
A a *a*	xa xas xât ax hax. Il taxa.	za zas zât az haz. Gaza.
E e *e*	xe xent xes. Les taxes, ils taxent.	ze zent. Ils gazent.
I i *i*	xi xy. Taxyle.	zi zy. Zizi, zizanie.
O o *o*	xo xau ox hox xeau xaux. Paradoxaux.	zo zau oz zho zeau zaut.
U u *u*	xu ux hux.	zu uz zhu huz.
É é *é*	xé xer xez xœ xés xées xées xai. Je taxai, taxer, j'ai taxé, j'ai vexé.	zé zez zer zés zées zée zœ zai. Il a gazé, je gazai, gazez, gazer.
È è *è*	xè xais xait xaient xei xet xay xey. Ils vexaient, ils taxaient, il taxait, il vexait.	zè zet zais zais zait zaient zei zay. Il gazait, je gazais, ils gazaient.
EU *eu*	xeu xeux xeut.	zeu zeux zeut zœu. Gazeux.
OU *ou*	xou xoux.	zou ouz. Il gazouille.
AN *an* en	xem xempt xan xant xants. Taxant, exempt, exemple.	zan zam zem zen. Gazan.
ON *on*	xon xont xons xom. Nous taxons, nous vexons.	zon zont zons zom zomp. Nous gazons, les gazons.
OI *oi*	xoi.	zoi.
IN *in* ain	xin xyn xim xym xain xein.	zin zym zim zein zain.
UN *un*	xun.	zun.
IEN IENS	xien xions xieu xui. Nous taxions.	zien zions zieu zoin zui zuy.
OUR OURG	xour xeur xoir.	zour zeur zoir.
EXERCICES.	exempt, taxant, je taxais, j'ai taxé, il vexa, ils taxent, ils vexent, taxez.	le gazon, les gazons, ils gazouillent, nous gazons, il a gazé, ils gazaient.

	CH ch *ch*	**GN gn** *gn*
A a *a*	cha chat chats châl chas. Il attacha.	gna gnas gnât. Il gagna, qu'il gagnât.
E e *e*	che chent. Ils attachent.	gne gnent gnes. Ils gagnent.
I i *i*	chi chy chiche chis. Hâchis, gâchis, la Chine.	gni gny. Magnifique, je magnifie.
O o *o*	cho chau chot chaux chauds chaud cheaux. La chaux, il fait chaud.	gno gnau gneau gneaux. Agneau, j'ignore.
U u *u*	chy chut chue chus chues. Crochu.	gnu. La rognure.
É é *é*	ché cher chez chai chœ chés chée chées. A-tta-ché, j'attachai, j'ai attaché, je tachai, je tacherai.	gné gner gnés gnez gnés gnée gnées gnœ gagnai châtaigné, gagnez. Je gagnai, il a gagné.
È è *è*	chè chais chait chay chaist chet chaient chai chê. Il attachait, ils attachaient, la chaîne.	gnè gnet gnais gnait gnaient gnaix. Ils gagnaient, il gagnait, il craignait, ils gagnèrent.
EU *eu*	cheu cheux chœu. Fâcheux.	gneu gneux gnœu. Le teigneux.
OU *ou*	chou choux choue. Les choux, chouent, ils échouent.	gnou gnout.
AN *an* en	chan chant chants champ champs chen chem. J'entends le chant du coq dans les champs.	gnan gnant gnants gnam gnem. Les numéros gagnants, les plaignants.
ON *on*	chons chon chom chont. Nous attachons.	gnon gnons. Nous craignons, le pignon, le chignon.
OI *oi*	choi choix choie choient choit chois. Mâchoire.	gnoi. La baignoire.
IN *in* ain	chin chain. Le prochain.	gnin gnein.
UN *un*	chun.	gnun.
IEN IENS	chien chions chiens chieu choin chui. Les chiens que nous attachions.	gnoin gnur.
OUR OURG	chour cheur choir.	gnour gneur gnoir. Le Seigneur.
EXERCICES.	le chou, choir, les chiens, les chats, ils attachaient, ils cherchaient, attaché.	il craignait, seigneur, éteignoir, la baignoire, il a gagné, vous gagnez, la rognure.

	ILL ill *ill*	**BL CL CHL fl ffl phl**
A a *a*	illa illas illat illats. Bâilla, il mouilla.	bla blât blas cla clats clat clas chla fla flas flat ffla fflas phla.
E e *e*	ille illes illent. Ils bâillent.	ble blent cle clent ffle fflent fle flent. Le sable.
I i *i*	illi illie illy. Bailli, baillive.	bli bly cli cly chly fli phly fly. Affligé.
O o *o*	illo illot illau illeau illeaux. Le billot, maillot, mailloche.	blo blau bleau clo chlo clot clos clau flo flau flo flots phlo klo klau. Il flotte.
U u *u*	illu. Maillure.	blu clu chlu flu flux phlu klu. Le flux, le reflux, ffluent, ils affluent.
É é *é*	illé iller illez illés illée illées illæ illai. J'ai habillé, il a babillé, du caillé, bataillez, batailler, elles sont mouillées.	blé bled bleds bler blez blée blées blai clé clés clef clefs clées clai cler clez fflez fflé ffler fflée flées flai phlé phlai. Les bleds, accablé, tu es accablé, les clefs, le blaireau.
È è *è*	illè illait illais illaient illet illets illaix illay illei. Les billets.	blè blet blais blaient blait clé claie clet clais clait claient chlè flé flais flet fflait fflaient phlet phlai phlè blême. La claie, le reflet, le pamphlet.
EU *eu*	illeu eil illeux illœu euil. OEil, soleil.	bleu bleus bleues bleue bleux cleu cleux chleu fleu fleux ffleu phleu phleux.
OU *ou*	illou ouil illoux illou ouil. Fenouil.	blou clou chlou cloux clous flou floue floues flouent fflou phlou. La blouse, les clous.
AN *an* en	illan illant illants illen. Bouillant, brillant, faillant, défaillant.	blanc blen blan blam clan clants clant clam clen clem klan flanc flan fflant flam flem fflants flancs blancs phlan. Les flancs, les cheveux blancs.
ON *on*	illon illoin illons illont. Nous mouillons.	blon blond blonds blom clon clom clons chlon klon flon fflons phlon. Nous soufflons, les cheveux blonds.
OI *oi*	illoi.	bloi blois cloi chloi floi kloi phloi.
IN *in* ain	illin illain illein.	blin blym blein blain clin clain clym chlin clein klin klein klym flin fflein flain phlin phlyn.
UN *un*	illun.	blun clun klun flun phlun.
IEN IENS	illoin illui.	blien blieu blion blui bloin clien clieu clui cloin klin klui kloin flien flieu flui floin phloin.
OUR OURG	illour illeur illoir. Le tailleur, batailleur.	blour bleur bloir clour cleur cloir flour fleur floir. La fleur, le râcloir, les fleurs, St-Flour.
EXERCICES.	mouillage, tailleur, mouillons, billet, billot, maillot, mailloche.	hâbleur, râcloir, la fleur, Saint-Flour, les cheveux blonds, les yeux bleus, les clefs, les blaireaux, le pamphlet, le reflet, les sables.

	GL PL tl sl	**BR CR CHR** dr fr ffr gr ggr phr
A a *a*	gla glas glat pla plas plat pla sla tla Atlas.	bra brat bras cra cras crat chra dra draps dras fra ffra gra gras ggra grabas phras 'phra.
E e *e*	gle glent ple pple plent tle sle.	bre brent cre crent kre gre grent ggre fre ffre frent phre ffrent. Cafre, grâce.
I i *i*	gli gly pli plient tly. Ils plient, plie plies, il plie, plis, il glisse.	bri bry brit brie bries cri cris dri dry dris dries drie fri fry frit frits ffris ffrit gri gry phri phry. Le chat gris.
O o *o*	glo glau plo plau slo slau tlo tlau. Disloque.	bro brau cro crau chro chrau dro drau draux gro gros grau ggro fro frau ffro. Fromage, broche.
U u *u*	glu glue plus plu plut thlu tlu slu pplu. Il a plu.	bru brut cru crus crut chru dru fru gru grue phru ggru. Les grues.
É é *é*	glé glez gler glai glœ glés glée glées plé plez pler plai slé plœ ppler églé. Le plaisir, plé-o-na-sme.	bré brer brez brai cré crer crez crai dré drer drez drai ffré frer frez ffrai gré grér grez grai phré phrez gréent. Agréez, offrez.
È è *è*	glè glais glait glaient glai plè plaît plet plets plaie plais glet plaient tlè tlai slè slai slet. La plaie, les plaies, replet, il plaît, je plais, tu plais.	brè bret brais brait braient crè chrè craie crai crait craient drè dre dray drei drais drait draient frè fret ffrais ffrait fraient frai grè grais gret phrè grait gray.
EU *eu*	gleu gleux pleu pleut pleux tleux sleu. Il pleut.	breu breux creu creux chreux dreu dreux ffreu ffreux greu greux phreu. Affreux, ténébreux.
OU *ou*	glou plou ploux pplou gloux glout tlou slou.	brou broux crou chrou drou droux grou frou ffrou phrou. La croupe, le groupe.
AN *an* en	glan gland glands plan plans plen glen tlan thland. Atlantique, Juthland, les glands, le gland, les plans, le plan.	bran brant bren bram cran cram cren crem chran dran dren fran franc francs ffrant ffrants gran grand gren grands. Deux francs, souffrant.
ON *on*	glons glon glom plon plom slon. Les aiglons, nous étrangions.	bron brons bront bron crom cront cron dron drons drom fron ffront ffrons gron phron. Nous souffrons.
OI *oi*	gloi ploi ploie ploient tloi sloi. La gloire, ils déploient	broi broie broiet croi croix crois croît croie croies croient droi droit ffroi froids groi phroi.
IN *in* ain	glin glain glein plin plain plein plym plains plaint slin slyn slain tlain tlin. Il est plein, je vous plains.	brin brain brein crin crins crains craint crein drin drain dreim frin fryn frain frein freins freint grin grain gryn grains phrin phrym.
UN *un*	glun plun slun tlun.	brun bruns crun drun frun grun.
IEN IENS	glien glion glieu gloin plieu plion plions. Nous contemplions.	brien brion crions drion drien brieu drieu brui bruit drui drieu. Les druides.
OUR OURG	glour gleur gloir plour pleur ploir sleur sloir slour. Le jongleur, l'ampleur.	brour breur broir creur croir dreur freur froir droir greur grour groir. L'aigreur.
EXERCICES.	le jongleur, les pleurs, je vous plains, il me plaît, il est plein, les plans, églé, il a plu, glaiseux, il glisse, la plaine, les plaies, il a disloqué.	l'aigreur, les grains, il est souffrant, le groupe, en croupe, agréez, offrez, les grues, la broche, le fromage, le franc, le chat gris, les Cafres, le grabat.

	PR PPR TR ttr vr.	**SCL SPL** scr schr spr str sthr sp sph sc squ sm.
A a *a*	pra ppra pras prat trat ttra tra ttras vra vras vrât.	scla spla scra schra spra stra sphra spa spha sca squa sma.
E e *i*	pre ppre prent tre ttre ttrent trent vre vrent. Apre, marâtre, Hâvre.	scle sple scre schre spre stre sthre spe sphe sme sque sques. Basques, casques.
I i *i*	vri vry vris vrit prit pri ppris prix tri ttri try thri ttry pprit. Il apprit, il prit, il prie, ils prient, tu pris, tu pries.	scli scly scri scry spri sprit sprits stri stry sthri spi spy sphi sphy squi smi.
O o *o*	pro prau tro trop trau traux vro vraux. Il proposa.	sclo sclau splo splau scro scrau stro straux strau sthro spo spau spho sphau sco scau squ'au squ'aux. Jusqu'aux.
U u *u*	pru ppru tru thru ttru vru. La Prusse.	sclu splu scru schru stru sthru scu sphu spu squ'u smu. Il scrute, discute.
É é *é*	ppré prer pré près prez tré ttré prai ttrer trez træ trer trai præ vré vrez vrer vrés vrai vrée trées. Plâtrer, les prés, folatrer, navré.	sclé sclai sclez scler splé splez spler splai schre schré schrai spré sprai sprez sprer stré strer strez strai spé sphé squez smé smez smer smai. Cadastré.
È è *è*	pré ppré prêt pprêts prais pratt praient prei pray prix trè ttrè tret trait ttrais ttrait très traits ttraits vrè vret vrai vraies vrait vraient apprêts. Les attraits, le vrai.	sclè splè scrè schrè sprè strè sthrè spè sphè squè smé sclais sclait splet splais scrait scret schrait spret sprait strai strait strais spais spait sphai squais squait scait smais smaît. Je di-strais.
EU *eu*	preu preux prœu treux treu ttreux ppreu vreu vreux Evreux, les lépreux.	scleu spleu screu schreu spreu streu sthreu speu spheu smeu scleux.
OU *ou*	prou pprou ttrou trous vrou vroux. Je prouve, je trouve.	sclou splou scrou schrou sprou strou sthrou spou sphou scou squ'où smou. Ju-squ'où venez-vous.
AN *an* en	pran prend prends tran tram tren ttrent trant trants trem pram prem vran vram vrem. Je prends, tranquillement, trente francs pour les pauvres.	sclan sclen sclam splen scran scren spran sprent strant sthren span spham squ'en smant smants. Ju-squ'en, splendidement, e-sclandre.
ON *on*	pron prons prompt prompts tron tronc trons troncs ttrons thron vron vrons Nous ouvrons.	sclon sclons splon scron spron stron sthron spon sphon squ'on scon smons. Enthousiasmons.
OI *oi*	proi proie proies troi troie trois ttrois throie vroi. La proie, les proies.	scloi sploi scroi schroi sproi stroi spoi sthroi sphoi scoi squo iskoi smoi.
IN *in* ain	prin prain preint prim preints trin tryn trim trym train trein vrin vrain vryn vrym vrein. Il est empreint.	sclin sclain sclein scrin schrin scryn sprin sprain strin strain spin spyn spain sphin sphyn squin smin. Jasmin.
UN *un*	prun trun vrun.	sclun splun scrun sprun spun strun squ'un sphum smun.
IEN IENS	prien prion prieu prui trien trions truie truits truie vrien vriom vrieux trieux vrui. Les truies.	sclien sclion sclieux scrien scrions scrieu sprien spieu strieu strion sphien sphion smieu smieux strui.
OUR OURG	prour preur proir trour treur troir vrour vreur vroir. Le couvreur.	sclour scleur scloir spleur sploir scroir screur spreur sproir spoir stoir. L'espoir.
EXERCICES.	Le couvreur, les truies, ils sont pauvres, il est empreint, nous ouvrons, nous couvrons, je prends, nous trouvons, un lépreux, la marâtre, un lièvre, le Hâvre.	l'espoir, le jasmin, l'égoïsme, splendidement, il est instruit, jusqu'où allez-vous, je distrais, le cadastre, il scruta, le scrutin, jusqu'aux, les casques, les casquettes.

ST STH phth ps pt

A a *a*	sta stat stats stha phtha psa pta. Il capta.
E e *e*	ste stent sthe phthe pse pte. Ils captent.
I i *i*	sti sty sthy phthi phty psi psy. Il captiva, il assista.
O o *o*	sto stho stau phtho pso psau pto ptau pço. Le psaume.
U u *u*	stu sthu phthu psu ptu. Le co-stu-me.
É é *é*	sté stez ster sthé sthœ phthè psez pser psé psè psée psées psai pté ptés ptez ptai ptée ptées. Assistez, éclipsez, captez, j'assi-stai.
È è *è*	stè stais stait staient stei stet phtè psè psais psait psaient pté ptais ptait ptaient. Ils a-ssistaient, ils éclipsaient, ils captaient.
EU *eu*	steu steux phtheu pseu pseux pteu pthœu stheu. Pseudonime.
OU *ou*	stou sthou phthou psou pçou ptou.
AN *an* en	stan stant stants sthan phthan psant ptan ptant. Eclipsant, captant, les assistants.
ON *on*	ston stom stons sthon pson pçon pçons ptons. Les soupçons, nous captons.
OI *oi*	stoi sthoi psoi ptoi phthoi. Consi-stoire.
IN *in* ain	stin stain styn stein sthain sthym psin psein psain ptain ptyn ptin phtin phtyn.
UN *un*	stun psun ptun phthun.
IEN IENS	stion stieu ption ptieux phthieu stui stoin. Ephestion.
OUR OURG	stour steur stoir psour pseur pteur.
EXERCICES.	Ephestion, consistoire, assistons, é-clipsez-vous, le costume, le style, il captiva, il capta, il éclipsa, il assista, les soupçons, digestion.

TABLEAUX SUPPLÉMENTAIRES.

bib bub bac bec bic boc buc byc bad bid bod bud baf bef bif bof buf bal bel bil byl bol bul bar ber bor bir byr bur.	cab keb kib cob cub cac cuk coc cad cod cud caf quif cof kof cuf cal kal quel kel qu'il col cul car quart cor corps cur quyr kir ker cap cop cup cox cax cux.
d'ab deb dib d'ob d'ub d'ac dec dic doc duc d'ad d'ed du do di dud daf def dif dof duf d'yf dal del dil dol dul dar der dor dir dur dap dop dox dat.	fac fec ffec foc fuc fic fod phod fal phal fel fil fol ful far phar fer fir phyr for fur ffir fox fix fyx phox.
gab gob gac goc gad god gud gaf gof guif gul guel gol gul gar guer guir guyr gor gur gaf gam gop gat goths gax.	jab jeb geb j'ab jub jac jec jic gic joc juc j'ad j'ed gid jid jod jud jaf gef gif jol jul jar ger gir jor jur j'heur jap jip jop jux jox.
l'ab l'ob lub lac lec lic loc luc l'ad lid lod lud l'af lof luf l'al lil lol lul lar ler l'air lir l'hum lor l'hir lur lam lap l'at lix l'ox. L'air, du lac, l'hymne.	m'ab m'ob m'ac mec mic moc muc m'ad m'of mal mel mil mol mul mar mer mir mor mur map mop mat mot mut max. Dormir, il m'admire.
nab neb nib nub n'ob nac nec nic nik n'oc nuc n'ad ned nid nod n'aug naf nef nif nof nuf nal nel nnel nil nol nul nar nard ner nerfs nord nir n'ir nyr nox.	pac pec pic poc puc paf pof pef pif puf pal pel pol pil pul par per por port pur ports parts. Paschal, Pascal, les ports, les parts, les pics.
rab reb rib rob rub rac rec ric riq rik roc ruc rad rif raf rof ref ruf ral rel ril rol rul rar rer ror rir rur ryr rhir rat rath rad. Courir.	s'ab sib s'ob sub sac s'ac s'oc soc sec suc sic s'ad saf ssef sof ssal sal sel sil s'il sol sul sor sort sar ssar ser sser sur surs syr cir cer car cil cor col cef cic s'ap sop. Il s'abstient, il s'obtient, il est sûr.
t'ab teb t'ob tib tac tec tic toc tuc t'ad t'od tud taf tef tif tof tuf tal tel til tol tul tar ter tor tur turc tath tas. Le turc a tort, si tu t'ab-sentes, le tictac.	vac vec vic viq vik voc vuç vod vad vid val vel vil vol vul var ver vir vor vur volvic. Les vers, avec la verdure.
xac xic xoc xar xur xir xer xal xol xil xul. Exactement, élixir, exil.	zab zeb zib zob zub zac zag zig zal zel zol zil zu zar zer zir zor zur Azur, zig-zag, azer.
chac chec chic choc chuc chad chal chel chil chol chul char cher chir chor chur chap. Un char, un choc.	gnac gnec gnar gner gnor gnur gnal gnel gnol gnul gnaf gnef gnof. Cognac, Chassagnol, le signal.
illac illec illoc illuc illar illor iller illur illaf illof illuf. Le tillac, le pillard, le billard, l'orme tortillard.	blac blec blic bloc bluc blaf blef blif blof bluf blar blor blir blur clac flac cloc floc fluc clic flic fflic clar clor clir clur flar flor flir flur phlur. Affaiblir, affliction, un bloc, en bloc, établir.
glar gler glor plar pler plir plor plur slor slar tlar tlor plac plic ploc. Accomplir.	brac bric brek broc bruc crac croc cric cruc drac drec dric droc druc grac grec gric frec froc fric fruc bral brol brel brul cral crel crol crul dral drol drul gral grel grol. Les Grecs.
prac prec pric proc pruc pral prel pril prol prul tral trel tril trol trul trac trek tric troc truc vrai vral vrec vric vril vrol vol ttrol trac trir vrir prir Ouvrir, trictrac.	stral strol sclar scrir strir strar sphral scar squar quor scor spars spal spor spol spral sprol struc. Le scorpion, Oscar, les Spartiates, Gaspard, in-struction
stac stec stic sthoc stuc stoc star stor ster stir stur stal staf stel stil stol stul stof stif stuf psal psel psil psol psul psar pser psir psor psur ptar ptor. Le mastic, le vieux castel.	

EXERCICES.

L'ENFANT PRODIGUE.

(St-Luc, ch. XV, ii.)

Un homme avait deux fils.
Le plus jeune dit à son père : Mon père, donnez-moi la part de votre bien que vous me destinez, et le père partagea son bien.

Peu de jours après, le plus jeune rassemblant tout ce qui était à lui, partit pour un pays étranger fort éloigné. Et là il dissipa tout son bien, vivant dans la prodigalité et la débauche.

Ayant tout dépensé, il survint un horrible famine dans cette contrée-là, et il commença à sentir le besoin.

Et il s'en alla et s'attacha au service d'un des habitants du pays ; et celui-ci l'envoya dans ses champs pour garder les pourceaux. Et il désirait remplir son ventre des gousses des fèves que les pourceaux mangeaient et personne ne lui en donnait.

Or, rentrant en lui-même, il dit : combien de serviteurs à gages chez mon père ont du pain en abondance, et moi je meurs de faim.

Me levant, j'irai trouver mon père, et je lui dirai : « Mon père, j'ai péché contre le ciel et contre vous, et je ne suis plus digne d'être appelé votre fils. »

Et, s'étant levé, il vint vers son père.

Et son père le vit lorsqu'il était encore fort loin, et il fut ému de compassion ; et, courant à lui, il sauta à son cou et le serra dans ses bras.

Et le fils lui dit : « Mon père, j'ai péché contre le ciel et contre vous, et je ne suis plus digne d'être appelé votre fils. »

Et le père dit à ses serviteurs : « Apportez promptement la plus belle robe, et l'en revêtez ; et mettez-lui un anneau au doigt et des souliers aux pieds. »

Et amenez le veau gras et le tuez, et mangeons et faisons bonne chère ;

Parce que mon fils que voici était mort, et il est revenu à la vie. Et il était perdu et il est retrouvé ; et ils commencèrent à faire festin.

Et son fils aîné était dans les champs, et il revint ; et étant près de la maison, il entendait les concerts et les cris joyeux des convives.

Et appelant un de ses serviteurs, il lui demanda ce que c'était.

Et le serviteur lui répondit : C'est que votre frère est revenu. Et votre père a tué le veau gras, parce qu'il l'a retrouvé en bonne santé.

Il se mit en colère et il ne voulait pas entrer. Son père étant donc sorti, l'appelait avec instance.

Alors, répondant à son père, il lui dit : « Voilà déjà tant d'années que je vous sers et je n'ai jamais rien fait contre vos ordres, et vous ne m'avez jamais donné un chevreau pour faire festin avec mes amis.

» Mais lorsque votre autre fils est venu, après avoir dissipé votre bien avec des femmes de mauvaise vie, vous avez tué pour lui le veau gras. »

Alors il lui dit : « Mon fils, vous êtes toujours avec moi et tout mon bien est le vôtre.

» Mais il fallait faire festin et nous réjouir, parce que votre frère que voici était mort et il est ressuscité ; il était perdu et il est retrouvé. »

LE PHARISIEN ET LE PUBLICAIN.

Saint Luc, chap. XVIII, verset 10.

Deux hommes montèrent au temple pour prier ; l'un était pharisien, et l'autre publicain.

Le pharisien, se tenant debout, priait ainsi en lui-même : Mon Dieu, je vous rends grâce de ce que je ne suis point comme le reste des hommes qui sont voleurs, injustes et adultères, ni même comme ce publicain.

Je jeûne deux fois la semaine ; je donne la dîme de tout ce que je possède.

Le publicain, au contraire, se tenant éloigné, n'osait pas même lever les yeux au ciel ; mais il frappait sa poitrine en disant : Mon Dieu, ayez pitié de moi, qui suis un pécheur.

Je vous déclare que celui-ci s'en retourna chez lui justifié, et non pas l'autre ; car quiconque s'élève sera abaissé, et quiconque s'abaisse sera élevé.

www.ingramcontent.com/pod-product-compliance
Lightning Source LLC
Chambersburg PA
CBHW061616040426
42450CB00010B/2518